AF340522

LE
NOTARIAT
EN TUNISIE

PAR

Victor SUREAU

COMMUNICATION FAITE AU CONGRÈS DE L'AFRIQUE DU NORD

Paris 1908

ALGER

IMPRIMERIE BALDACHINO-LARONDE-VIGUIER

—

1908

LE NOTARIAT EN TUNISIE

PAR

Victor SUREAU

COMMUNICATION FAITE AU CONGRÈS DE L'AFRIQUE DU NORD

PARIS 1908

ALGER

IMPRIMERIE BALDACHINO-LARONDE-VIGUIER

—

1908

LE NOTARIAT

EN TUNISIE

A la séance de la Conférence consultative du 30 novembre 1903, deux projets relatifs à l'institution du notariat dans la Régence ont été discutés. Le premier, celui du Gouvernement Tunisien, suggéré par les affaires étrangères et des magistrats, consistait à répartir les fonctions de notaire, entre les avocats et les greffiers de justice de paix, Le second, émanant de M. de Carnières, préconisait que les candidats notaires devaient offrir toutes les garanties désirables et justifier notamment d'un stage réel dans une étude de notaire ; qu'en aucun cas les attributions notariales ne devraient être données aux avocats ni aux défenseurs.

Le système de M. de Carnières fut adopté par 13 voix contre 5.

Un amendement de M. Lefèvre, tendant à ce que les actes obligatoires sous-seings privés, établis par les particuliers puissent, sur la demande de l'une des parties, recevoir la formule exécutoire, fut également adopté, mais à l'unanimité.

Nous parlerons, plus loin, d'un troisième système élaboré par la chambre d'agriculture.

Au cours de la séance de la même conférence du 3 décembre 1903, le Secrétaire général du Gouvernemeut Tunisien déclarait à propos de la répression de l'usure que « l'institution du notariat étant très prochaine, ainsi que celle d'un Crédit foncier, la question allait être étudiée activement.»

Mais le projet du Gouvernement n'ayant pas abouti, l'organisation du notariat fut, cette fois encore, abandonnée. On ne s'occupa, longtemps après, que du Crédit foncier, institué par décret du 20 juin 1906, et dont l'article 2 des statuts permet au conservateur de la propriété foncière d'apposer la mention exécutoire sur les actes obligatoires de cet établissement de crédit.

Nous nous proposons d'examiner sous les différentes rubriques qui vont suivre, tout ce qui est de nature à intéresser le notariat projeté, sans en omettre les critiques dont il a été l'objet.

I. — Anciens projets.

En 1898, M. Berge avait rédigé un projet pour la Commission de réformes judiciaires. Il y était question de la création de quelques études de notaire dans les grands centres, en exigeant de ces officiers publics des garanties de moralité et de compétence, avec prohibition de cumuler ces fonctions avec celles d'avoué ou d'avocat. Il faut, disait l'éminent magistrat : « que le notaire soit à l'abri des tentatives auxquelles peut l'exposer un contact journalier avec le monde des affaires, en lui interdisant toutes les professions qui pourraient le placer entre son devoir et son intérêt. »

Dans les agglomérations de second ordre, les greffiers de justice de paix devaient remplir les mêmes fonctions après avoir passé un examen d'aptitude et versé un cautionnement.

Ce projet ajoutait que le recours au notaire pour la rédaction des actes resterait facultatif et qu'il ne serait créé aucun monopole de fait pouvant porter atteinte aux dispositions de la loi foncière, laquelle n'exige pas l'authenticité des conventions hypothécaires.

Le 7 mars 1902, M. de la Poterie présentait à la Chambre d'agriculture un programme adopté à l'unanimité, préconisant la création du notariat sur les bases de l'organisation algérienne, sauf quelques modifications et réserves que nous analyserons ci-après :

Les deux projets qui précèdent ont été, sans doute, inspirés par l'avis autorisé de M. Flandin, rapporteur du budget de la Tunisie pour 1897. Voici, en effet, dans quels termes s'exprimait M. Flandin :

« La loi du 17 mars 1883, dans son article 13,
« avait prévu l'organisation du notariat français.
« La création de ces officiers publics pourrait ren-
« dre de réels services à la colonisation, en faisant
« disparaître un des obstacles les plus sérieux
« qui entravent son développement, à savoir, les
« difficultés que présentent les transactions sur
« les immeubles non encore immatriculés. En se
« réservant une partie des produits des offices
« créés, l'Etat se procurerait, sans inconvénient
« pour les particuliers, des ressources qui pour-
« raient être utilement employées à compléter
« l'organisation judiciaire actuelle. »

Ainsi M. Flandin admettait la création non de « fonctionnaires-notaires », mais bien « d'officiers-publics », tels que les appelle la loi organique du notariat du 25 ventôse an XI.

L'année suivante, lorsqu'il fut question, pour la première fois, à la conférence consultative, de la création du notariat, M. Révoil, délégué à la Résidence générale. n'hésita pas à reconnaître que « les Contrôleurs-civils auxquels étaient dévolues les attributions notariales, n'avaient pas toute la compétence spéciale et que d'autre part les tarifs de chancelleries étant très élevés, on avait le double inconvénient de la taxe supérieure et de la compétence moindre, aussi se préoccupait-on d'y remédier ».

M. le député Bienvenu Martin, chargé par le Parlement d'une enquête sur la Tunisie, a également conclu à la nécessité d'y instituer le notariat.

Enfin les Chambres de commerce et d'agriculture de Tunis, l'association Syndicale des journalistes coloniaux (Section économique), la presse tunisienne, ont à maintes reprises réclamé la création d'études de notaire.

II. — Actes passés en Consulat dans la Régence.

La population française a plus que doublé au cours de ces dix dernières années. C'est là un fait édifiant et nous espérons que les pouvoirs publics en tiendront compte dans la plus large mesure pour faire cesser un état de choses qui dure depuis vingt-cinq ans. Le notariat ne saurait, en effet, se faire attendre plus longtemps, sans causer un malaise général, car si à cet égard les plaintes de nos nationaux n'ont jamais été bruyantes, elles n'en sont pas moins justifiées.

Les déboires de toute nature éprouvés par les contractants ne sont plus à compter ; qu'il nous suffise de mentionner, dans cette modeste étude, quelques cas particuliers relatifs aux actes reçus par les Contrôleurs civils faisant fonctions de vice-consul et de notaire. Nous exceptons bien entendu le contrôle de Tunis, où un bureau de notariat fonctionne à la satisfaction de tous.

Un Contrôleur civil a refusé de recevoir le contrat de mariage de commerçants, parce que l'une des parties ne lui justifiait point de sa déclaration d'apport mobilier.

Une autre fois, il dressait le contrat d'un officier en stipulant qu'une propriété était constituée en dot à la future épouse, mais il oublia d'établir l'origine de propriété et ne demanda même pas communication du titre inhérent à l'immeuble afin de s'éclairer sur les droits du constituant, puis célébra le mariage. Or, quelques jours après, le véritable propriétaire de l'immeuble apprenait au mari que la dot de sa femme était illusoire !

Un autre Contrôleur civil a cru pouvoir déléguer son secrétaire pour recevoir un testament authentique.

Dans un inventaire, des experts ont été nommés

pour y fixer la valeur des immeubles de succession, etc.....

Et combien de petits actes, tels que procurations, consentements, mainlevées, ne reviennent-ils pas journellement de France pour y être rectifiés ou complétés.

Cependant, nous nous empressons de reconnaître que la mission du Contrôleur civil, bien que mal définie, est souvent plus délicate que celle du titulaire d'une grosse sous-préfecture de la métropole, et d'autre part, qu'en raison de ses multiples travaux, de son isolement, on ne saurait demander à ce fonctionnaire l'expérience notariale qui ne s'acquiert qu'au moyen d'un long stage dans une étude.

III. — Sécurité des transactions avant la loi du 27 mars 1883.

Avant l'occupation, et jusqu'au 1er novembre 1883, date de la création des premiers Contrôleurs civils, les Français qui habitaient la Régence jouissaient d'une garantie plus grande que celle actuelle, pour la rédaction de leurs conventions.

La loi du 27 mars 1883. dispose en effet, comme on l'a vu plus haut, que les agents consulaires français « continueront à exercer le notariat en Tunisie jusqu'au jour ou les notaires y seront installés ».

Or, le législateur de 1883, faisait allusion aux consuls français de « carrière », puisque à cette époque, ceux-ci pouvaient seuls donner l'authenticité aux actes. Mais ces consuls ont bientôt été remplacés par les Contrôleurs civils, faisant fonctions de vice-consul et de notaire, par application des décrets des 1er novembre 1883, 24 décembre 1886 et 25 novembre 1889.

Ainsi est devenu caduc le vœu de la loi du 27 mars 1883.

IV. — Origine du notariat en France. — Prestige dont le législateur à voulu l'entourer.

Louis IX créa en 1270, pour la prévôté de Paris, les soixante premiers notaires qui furent chargés de dresser les actes de la juridiction volontaire, en leur donnant la force et le caractère de l'autorité publique.

Le notariat fût ensuite institué dans toute la France et plus tard les lois des 29 septembre, 6 octobre1791 et 25 ventôse an XI ont voulu, dit Toullier, « que les notaires fussent les délégués directs et spéciaux du pouvoir exécutif pour rendre exécutoire tous actes et contrats des parties ».

M. Favart, dans son rapport au Tribunat s'exprimait ainsi :

« Votre section à d'abord reconnu que l'attribut
« le plus essentiel du notariat, pour toutes les
« classes de citoyens, c'est d'authentiquer les con-
« ventions, d'en certifier la date, et de leur donner,
« en les recevant, le caractère et la forme de
« l'exécution parée. Aussi on ne saurait trop faire
« pour environner les notaires de toute la dignité
« qui commande et inspire la confiance ».

Rolland de Villargues, disait également un peu plus tard, dans son traité du notariat (n° 285).

« Quoique la loi ne le dise pas expressement, les
« notaires comptent, parmi leurs attributions les
« plus importantes, les conseils qu'ils donnent à
« leurs clients et le dépôt qu'ils reçoivent des se-
« crets des familles ».

Enfin, on sait que, dans le principe, les art. 975 et 976 du Code de procédure civile portaient que les liquidations pourraient être dressées par un juge commis. Les notaires s'émurent de cette décision et envoyèrent une députation à Napoléon Ier qui promit de faire discuter de nouveau, en sa présence, les articles en question.

« Quant il ne s'agirait, disait-il, que de ce qui concerne particulièrement les notaires de Paris, je m'y intéresse assez pour y faire la plus grande attention ».

Le 22 février 1806, après une discussion de trois heures, les liquidations et partages furent exclusivement confiés aux notaires, et les articles 969, 975 et 976 rédigés comme on les possède aujourd'hui (1).

V. — Notariat dans les Colonies.

Si depuis un quart de siècle la Régence attend en vain le notariat, il n'en est pas de même dans les autres Colonies ou pays de protectorat, ainsi qu'on va le voir,

Sauf en Annam et au Tonkin où le notariat est confié, par le décret du 8 février 1886, aux Résidents, Vice-Résidents et Chefs de Poste, partout ailleurs des notaires ou greffiers-notaires ont été installés par les décrets, ordonnances ou arrêtés suivants :

1° *Algérie*. — Arrêté du ministre de la guerre du 30 décembre 1842, instituant le notariat et décret présidentiel du 18 juin 1875, créant des greffiers-notaires ;

2° *Guyane*. — Ordonnance du 24 février 1820 portant publication de la loi du 25 ventôse an XI, sauf quelques modifications ;

3° *Martinique et Guadeloupe*. — Décrets des 14 juin 1864 et 16 juillet 1878 ;

4° *Ile de la Réunion*. — Décret du 26 juin 1879;

5° *Saint-Pierre et Miquelon*. — Décret du 30 juillet 1879 ;

6° *Inde*. — Décret du 24 août 1887, instituant le notariat dans les établissements français de l'Inde ;

____

(1) Traité des *liquidations* et *partages* par Alex. Michaux. Massé, chap. 22, liv. X.

7° *Océanie et Ile de la Société.* — Décret du 18 août 1868, instituant des greffiers-notaires dans les établissements français de l'Océanie et les Etats du Protectorat des Iles de la Société ;

8° *Sénégal.* — Décret des 9 août 1854, instituant les fonctions de greffiers-notaires, et 15 avril 1893, autre décret portant séparation du greffe et du notariat à Saint-Louis :

9° *Cochinchine.* — Décret du 22 septembre 1869, instituant le notariat dans le ressort des Tribunaux de la Cochinchine et décrets des 9 décembre 1885 et 16 octobre 1896, créant des greffiers-notaires dans le ressort de diverses justices de paix ;

10° *Nouvelle-Calédonie.* — Décrets du 6 janvier 1873 ;

11° *Côte-d'Or et Gabon.* — Décret du 11 septembre 1869 ;

12° *Madagascar.* — Création de greffiers-notaires par décrets du 9 juin 1896 ;

13° *Obock.* — 2 septembre 1887, greffiers-notaires ;

14° *Cambodge.* — 15 novembre 1887, greffiers-notaires ;

15° *Dahomey.* — 26 juillet 1894.

VI. — Critiques injustifiées.

Le notariat tel que le conçoit la loi fondamentale de ventôse an XI, modifiée par celle du 21 juin 1843, et pour la métropole seulement, par la loi du 12 août 1902, jouit en France, comme dans nos colonies et pays de protectorat, de l'estime et de la confiance de tous.

Il y a bien eu parfois quelques défections, mais quelle est la carrière qui n'a jamais eu les siennes ?

Nos sujets musulmans d'Algérie trop souvent spoliés par leurs notaires, ne manquent jamais de s'adresser au notaire français pour tout ce qui a trait à leurs transactions.

On peut même dire que s'il leur était permis de

recourir à ce même officier public, pour les actes concernant leur statut propre, basé sur les principes du Coran, ils en seraient fort heureux. Nous citerons à titre documentaire cet exemple :

Une donation entre musulmans, portant sur des immeubles français, dressée par un notaire français, fut attaquée devant le Tribunal civil de Guelma, lequel décida par jugement du 1er octobre 1900, que cette donation était soumise à la loi française par application de l'article 3 du décret du 17 avril 1889, à moins que dans l'acte, le disposant ait déclaré qu'il n'entendait pas renoncer à l'application du droit musulman. En conséquence, la juridiction française, à défaut de cette déclaration, était seule compétente pour statuer sur la validité d'un tel acte.

Et M. Ed. Norès, annotant cette décision dans le journal des *Tribunaux Algériens*, n° du 27 novembre 1901, s'exprimait ainsi :

« Le musulman qui s'adresse à un notaire fran-
« çais, le fait, parce qu'il sait trouver chez ce der-
« nier, des garanties de probité et de savoir pro-
« fessionnels que les officiers publics musulmans
« sont incontestablement fort loin, en général, de
« présenter au même degré ».

« Mais nous estimons que le législateur serait
« bien inspiré en imposant à tout notaire français
« rédigeant un acte indigène, l'obligation de faire
« déclarer aux contractants, qu'ils entendent que
« leur convention soit régie par la loi française,
« ou, au contraire, qu'ils désirent conserver le
« bénéfice du droit musulman ».

Eh bien ! ce même notariat français a rencontré dans la Régence des adversaires irréductibles dont les conseils écoutés ont eu pour objet de paralyser les bases de son institution.

L'ironie la plus amère a même desservi impitoyablement cette laborieuse corporation qui n'avait ici aucun représentant officiel pour confondre ses puissants ennemis.

On a pu lire en effet, ce qui suit, en mars 1903, dans un journal de Tunis :

« Le projet de la création du notariat ne paraît
« pas jouir d'une grande faveur auprès des par-
« lementaires de France, qui sont tous étonnés
« qu'on songe à instaurer en Tunisie, un rouage
« qu'on se propose de faire disparaître dans la mé-
« tropole. Nul n'ignore, en outre, que dans les
« grandes villes, les notaires, toutes les fois qu'ils
« rédigent un acte important, se font toujours
« assister d'un avocat, et qu'ainsi le client doit
« payer notaire et avocat. Quant aux notaires de
« campagne, il vaut mieux ne pas en parler, etc..

« La corporation des tabellions ne doit donc
« pas compter sur d'unanimes sympathies et son
« extension à la Tunisie paraît plus que probléma-
« tique ».

Qu'il nous soit permis de répondre ici, bien que
très tardivement, à chacune de ces assertions absolument infondées :

1° Il n'a jamais été question en France de sup-
primer le notariat. M. Georges Clémenceau a sim-
plement proposé une loi ayant trait à l'abolition de
la vénalité des offices ministériels. Cette proposi-
tion qui avait pour but de rembourser le prix de
leurs charges aux officiers publics et ministériels
et de remplacer ceux-ci par des fonctionnaires
ayant les mêmes attributions, fut renvoyée à la
Commission d'initiative du Sénat. Son rapporteur,
M. Gomot, a conclu ainsi en 1903 :

« Le rachat des offices au lieu d'amener des
« avantages pour l'Etat et le public, paraît leur
« devenir préjudiciable.

« Il est dangereux de créer vingt mille fonc-
« tionnaires dans un pays qui en compte déjà
« trop.

« Les indemnifés à payer aux titulaires consti-
« tueraient une charge écrasante ».

2° Non, certes, il n'est point vrai que « les notaires des grandes villes se font assister d'un avocat
pour rédiger leurs actes difficiles, et qu'ainsi le
client paie notaire et avocat ».

Nous avons passé de longues années dans des

études de deuxième et de première classes, et nous pouvons affirmer hautement qu'une telle allégation à l'encontre des notaires est de la dernière inexactitude.

Et même, nous n'hésiterons pas à ajouter que s'il eut été donné à l'un de ces officiers publics de grande ville, de pouvoir discuter au sein de la Conférence consultative, l'organisation du notariat dans la Régence, l'administration, comme les représentants de la Colonie, aurait trouvé en lui un collaborateur des plus avisés.

Cet officier public aurait pu faire connaître en effet :

« *A*. — Que dans un pays neuf, que peuplent
« tous les jours nos nationaux, où se rencontrent
« tous les régimes matrimoniaux, l'expérience du
« praticien rompu aux affaires notariales est in-
« dispensable.

« *B*. — Qu'il serait prudent de s'en rapporter à
« la sagesse des lois de la métropole combinées
« avec les règlements algériens, pour le recrute-
« ment, le stage et les conditions d'admissibilité
« des candidats.

« *C*. — Que la question de stage était tellement
« importante que la loi des 12 et 14 août 1902,
« antérieure de quelques mois seulement aux dé-
« bats sur le notariat à la Conférence consultative,
« édicte par son article 37, que non seulement les
« avocats, mais encore les magistrats des Cours
« et Tribunaux, ne pouvaient être nommés notai-
« res qu'au moyen d'une dispense expresse du
« Garde des sceaux, en justifiant d'un stage
« d'une année chez un notaire d'une classe égale
« à celle à laquelle aspire le candidat, et après
« avoir subi, avec succès, les examens exigés par
« les articles 42 et 43 de la même loi.

« *D*. — Que pour les raisons qui seront expri-
« mées plus loin, il serait dangereux de décider
« que tout contractant peut faire apposer par le
« notaire, sur son écrit privé, la formule exécu-
« toire ».

3° Enfin, pour clore la réfutation des critiques dont nous nous occupons sous ce chapitre, nous estimons qu'il est surperflu de révoquer en doute ce que nous avons déjà dit, à savoir que les notaires des villes, comme ceux des campagnes, sont l'objet des sympathies unanimes de leurs concitoyens.

VII. — Recours facultatif au notaire.

La loi fondamentale de ventôse an XI a proclamé que le notaire était un officier public chargé de recevoir les actes auxquels les parties « veulent ou doivent » donner l'authenticité.

Ainsi, en dehors des actes obligatoires conférant hypothèque, des mainlevées, actions, restrictions et subrogations y afférentes, de toute vente, partage ou échange d'immeubles dont le prix ou la soulte ne serait point payé, ou de toute charge inexécutée, — notre loi foncière de 1885 n'exigeant aucune authenticité pour tout ce qui a trait à l'hypothèque, au privilège, à l'action résolutoire — les contractants resteront libres de rédiger comme par le passé, leurs actes sous signatures privées, ou de s'adresser au notaire.

Mais pour les contrats de mariage, donations, révocations, procurations ou autorisations afférentes à ces actes, inventaires, liquidations et partages dans lesquels figurent des mineurs, liquidations après séparation de biens ou divorce, testament authentique ou réception de testament mystique, reconnaissance d'enfant naturel, notoriété, acte respectueux etc.., et toutes conventions afférentes à l'hypothèque conventionnelle ou légale en France ou dans les colonies, les intéressés seront nécessairement obligés de recourir au notaire puisque les actes de cette nature ne peuvent être valables que s'ils ont dressés en la forme authentique.

On peut même prévoir que pour obtenir une grosse exécutoire et aussi plus de sécurité, les ventes d'immeubles ou de droits incorporels, les prêts ou traités quelconques, même ceux de peu d'importance ; les baux et tous autres actes contenant obligation de faire ou de payer, les parties préféreront s'adresser à l'étude du notaire avec laquelle elles seront vite familiarisées.

Car il ne faut pas se le dissimuler, les honoraires que les contractants paient journellement aux défenseurs et avocats pour la rédaction de leurs actes, sont aussi élevés que ceux du notaire et ces mêmes contractants n'ont en mains qu'un sousseing privé dénué de toute authenticité, alors qu'avec la grosse de l'officier public, ils seront munis d'un titre exécutoire ayant la même valeur qu'un jugement en dernier ressort.

VIII. — Formule exécutoire sur les écrits privés.

On a vu au commencement de cette étude que la Conférence consultative avait adopté à l'unanimité, un amendement de M. Lefèvre, tendant à ce que les écrits privés puissent être revêtus, par le notaire, de la formule exécutoire sur la simple demande des contractants.

Dans son application, ce système paraît être des plus dangereux, ainsi que nous l'avons déjà dit, et voici pourquoi :

Quand le notaire délivre une grosse, mention en est faite sur la minute. En cas de perte de cette grosse, une seconde ne peut en être délivrée qu'après avoir rempli les formalités voulues en pareil cas. Si l'acte privé muni de la formule exécutoire vient à s'égarer, cette perte devient aussi irréparable que celle d'un billet à ordre, car, d'une part, le notaire qui n'a pas le double de cet acte au rang de ses minutes se bornera à faire connaître, au moyen de son répertoire, la date à laquelle il a délivré mention exécutoire, d'autre part, le débiteur de mauvaise foi pourra déclarer qu'il ne possède plus le deuxième original.

Il est donc préférable de rester dans le droit commun, c'est-à-dire de déposer son acte sousseing privé au notaire qui en délivrera grosse.

D'ailleurs, si la formule exécutoire mise au pied de l'acte privé correct ne souffre aucune difficulté, il n'en saurait être de même de l'acte contenant des phrases équivoques, des incohérences, des clauses contradictoires. Dans ces différents cas, il est évident que le notaire, avant de délivrer cette formule, sera obligé de convoquer les parties afin de s'éclairer sur le véritable contenu du sous-seing privé et de dresser à cet égard, s'il y a lieu, un acte authentique rectificatif. S'il devait en être autrement, des faits regrettables se produiraient à chaque instant, car certains prêteurs, à mentalité spéciale, ne s'arrêteraient devant rien une fois en possession de la formule pour ainsi dire automatique.

L'huissier procédant avec cette même formule, véritable sentence sans appel, ne saurait s'ériger en juge des réclamations du débiteur à l'encontre du titre privé, qui, du jour au lendemain, se métamorphoserait ainsi en grosse exécutoire. La moindre compensation, non immédiatement prouvée, ne pourrait même pas trouver grâce devant l'inexorable exécution, et ce même débiteur se verrait privé du droit de s'adresser, avant les poursuites, à son juge naturel pour combattre les prétentions de son adversaire, car l'opposition à commandement, comme on le sait, n'arrêterait point ces poursuites.

IX. — Remarques sur le rapport de M. de la Poterie à la Chambre d'agriculture.

Ce rapport concis et substantiel fait honneur à son auteur.

Parmi les nombreux arguments qui y sont développés, nous retiendrons les trois points suivants au sujet desquels nous ne partageons pas entièrement l'avis de M. de la Poterie.

A. — Valeur des actes de Chancellerie. — Ces actes ont absolument la même force que s'ils étaient reçus par un notaire. Les vice-consuls de Tunisie ont déjà délivré des grosses avec lesquelles différentes exécutions ont été pratiquées.

B. — Formule exécutoire des actes notariés relatifs aux immeubles non immatriculés. — Cette formule aurait évidemment la même valeur que celle apposée sur la grosse d'un jugement d'adjudication d'immeubles de même nature. Dans le premier cas, c'est le notaire qui serait tenu de faire inscrire sur le titre arabe. la mutation opérée ; dans le second cas, ce soin incomberait à l'adjudicataire.

Avec la grosse du notaire, le vendeur non entièrement payé, pourrait, après commandement, faire saisir son acquéreur.

C. — Hypothèque légale. Concours de la femme. — Le rapporteur prend comme exemple la vente d'un immeuble immatriculé et dit que la femme n'ayant pas d'hypothèque légale, il est inutile de la faire intervenir pour éteindre cette garantie, ce qui est parfaitement exact puisque l'hypothèque légale dont il s'agit ne saurait frapper en Tunisie les immeubles immatriculés ou non immatriculés.

Mais nous croyons qu'une telle vente doit cependant être consentie avec le concours solidaire de la femme, si elle est mariée sous le régime de la communauté légale, sous celui de la communauté réduite aux acquêts, ou tout autre régime dans lequel une convention d'acquêts aurait été réservée, car bien que le nom du mari fut seul porté sur le titre foncier, l'immeuble, dans ces différents cas, n'en dépend pas moins de la communauté ou de la convention d'acquêts et appartient par moitié à chaque époux, à moins, bien entendu, dans l'espèce qui nous occupe, que celui des conjoints dont le nom figure sur le titre de propriété, n'ait justifié au conservateur, par le dépôt d'actes réguliers, la provenance des deniers à lui propres.

Une simple déclaration que les fonds ayant

servi à l'achat sont personnels à la femme ou au mari, n'aurait d'effet que pour régler les rapports existant entre eux et n'empêcherait nullement le créancier de l'un des époux d'exercer des poursuites sur les droits de son débiteur, ni les créanciers de la communauté de diriger ces poursuites sur la totalité de l'immeuble.

Supposons un instant que le mari vende seul, à terme, l'immeuble acquis à son nom, au cours de la communauté, sans clause de provenance des deniers et qu'il vienne à décéder avant le paiement du prix, à la survivance de sa veuve et d'enfants majeurs, qu'arrivera-t-il ?

Les enfants pourraient peut-être prétendre toucher en donnant mainlevée, mais le conservateur ne radiera pas entièrement l'inscription sans le concours de la veuve qui a droit à un quart en usufruit de la succession, conformément à la loi du 9 mars 1891 (art 767 du Code civil) et fort heureusement ce concours obligatoire aura pour objet de prévenir l'épouse survivante de l'importance de ses droits, car évidemment l'inscription ne disparaîtra que sur la justification d'un intitulé d'inventaire ou d'un acte de notoriété.

Et dans cet acte qui ne peut être dressé qu'en la forme authentique, le notaire indiquera que le *de cujus* a laissé : 1° sa veuve commune en biens, ayant droit à la moitié du prix ; 2° ses enfants auxquels revient l'autre moitié grevée du quart en usufruit, de la veuve.

Les mêmes garanties ne sauraient exister pour les immeubles soumis au droit tunisien, c'est-à-dire non immatriculés. Les musulmans ne connaissent pas la communauté, ils sont de droit séparés de biens en se mariant, et si, par exemple, l'immeuble propre du mari n'acquiert de valeur que par les constructions ou autres améliorations qui y sont apportées au cours du mariage, avec les économies communes, ce conjoint n'a nullement besoin du concours de sa femme pour aliéner la totalité de l'immeuble en question. Il est porteur du titre de propriété, cela suffit, et en cas de décès de sa compagne, il ne doit aucune indemnité aux héritiers de celle-ci.

En serait-il ainsi, dans un cas identique, si l'immeuble appartenait en propre à un Français marié en communauté ?

Vis-à-vis des tiers celà ne fait pas de doute.

Mais il est évident qu'au point de vue des rapports entre époux, une récompense serait dûe à la communauté par la succession du prédécédé pour le montant des dites améliorations.

Ici également, le notaire français ne manquera pas de faire concourir à la vente les deux époux, s'ils sont mariés sous un régime de communauté.

C'est en effet la mission initiale de cet officier public de prévoir les suites ou les conséquences de l'acte qu'il rédige. Son expérience acquise au moyen d'une longue pratique notariale, lui permet de ne point faillir à un tel devoir.

CONCLUSION

Il semble que depuis l'amendement de M. de Carnières, adopté il y a 5 ans par la Conférence consultative, un certain refroidissement a remplacé l'enthousiasme dont bénéficiait alors le notariat projeté.

A quoi faut-il attribuer cet état de choses ?

Peut-être faudrait-il en chercher les causes dans ce fait que trop de systèmes ont été présentés et se sont contrariés réciproquement.

Il y en avait en effet trois. Les voici :

Premier système. — La loi nouvelle de 1902, déjà rappelée, oblige, dans la Métropole, les magistrats, avoués, avocats, candidats aux fonctions de notaire, à justifier : 1° de l'examen professionnel ; 2° d'une année de stage, chez un notaire d'une classe égale à celle où l'on désire exercer ; 3° d'une dispense du Garde des Sceaux pour le surplus du stage.

Bien que n'ayant fait allusion qu'à « un stage réel dans une étude de notaire », sans en préciser la durée, l'amendement de M. de Carnières paraît avoir voulu viser les règles tracées par cette loi de 1902, si nous en exceptons les avocats et défenseurs.

Deuxième système. — L'arrêté du 20 décembre 1842, toujours entièrement en vigueur en Algérie, puisque la loi du 12 août 1902, n'y a pas encore été promulguée, dispose que les avocats, avoués ou défenseurs, ayant exercé pendant plus de 2 ans ; les aspirants ayant rempli pendant 5 ans des fonctions administratives ou judiciaires et les anciens notaires ou avoués de France et d'Algérie pourront être dispensés du stage.

Mais, outre l'examen professionnel, nul ne peut-être nommé notaire en Algérie, sans justifier du certificat de droit musulman et de législation algérienne prévu par le décret du 9 octobre 1882, en vigueur depuis le 1er octobre 1884.

Ce programme, sauf ce qui a trait à l'examen de droit musulman, est celui préconisé par M. de la Poterie.

Troisième système. — La commission de réformes judiciaires a substitué aux textes français et algériens les conditions suivantes : « Les magistrats français de Tunisie, les employés du cadre français de l'Enregistrement détachés en Tunisie, ainsi que les avocats et défenseurs près les Tribunaux français de Tunisie, seront dispensés de tout stage, s'ils exercent leurs fonctions, depuis au moins trois années. »

Ce dernier système était celui du Gouvernement Tunisien.

On vient de voir que dans la métropole, le magistrat, l'avocat, l'avoué, ne pouvaient être dispensés de tout stage et qu'en Algérie, au contraire, cette dispense existait pour la totalité de ce même stage.

La règle applicable chez nos voisins, pourrait, croyons-nous, être admise dans la Régence, pour : 1º les magistrats, avocats, avoués et défenseurs, ayant exercé pendant 3 ans au moins, en France, Algérie ou Tunisie ; 2º Les employés supérieurs de l'Enregistrement, en fonctions depuis plus de 5 ans.

Les anciens notaires et les clercs ayant satisfait au stage, auraient également le droit de postuler.

Mais à la condition pour tous les candidats, sauf les anciens notaires, de subir avec succès les examens professionnels devant une des commissions de la métropole ou de l'Algérie.

Après les premières nominations, une commission pourrait fonctionner à Tunis et comprendre trois notaires, un membre du Tribunal et le conservateur de la propriété foncière, car, il faut bien le reconnaître, de semblables examens, comme ceux de toutes les professions d'ailleurs, appellent une majorité d'examinateurs « de carrière ».

D'autre part, on pourrait élaborer un programme de Législation tunisienne et de droit musulman, et exiger en outre un examen sur toutes les matières qui y seraient développées.

Voici maintenant quelques données modifiant ou complétant certains points des différents projets déjà discutés :

Cautionnement. — Le cautionnement des notaires qui est à Alger de 6,000 et pour les autres centres de 4,000 fr., pourrait être élevé à 10.000 fr. pour Tunis. On sait à cet égard que la population de la Régence est double de celle d'Alger.

A Sousse et Sfax, 6,000 fr., et pour les autres villes 4,000 et 2,000 fr., suivant l'importance du ressort de chaque office.

Nombre des offices. — Les charges des notaires seraient réparties ainsi :

Tunis, 1re classe, 3 ou 4 notaires ;

Sousse et Sfax, 2me classe, 2 notaires pour chacune de ces villes.

Bizerte, Souk-el-Arba, Béja, Kef, Grombalia, Kairouan et Gabès, 3me classe, 1 notaire pour chaque centre.

Forme des actes. — Les lois régissant le notariat de France et d'Algérie, seraient évidemment suivies en Tunisie, pour les actes et contrats de toute nature, à l'exception de : 1° Tout ce qui se rattache à l'hypothèque des biens immatriculés, puisque la loi foncière de 1885, n'exige de ce chef aucune authenticité. A plus forte raison, il en sera de même pour le gage afférent aux immeubles non immatriculés ; 2° les ventes, échanges, partages des immeubles soumis à la loi foncière ou au droit tunisien et ce, lors même que le prix ou une soulte serait stipulé payable à terme.

Cependant si les parties le désirent, le notaire dressera tous ces mêmes actes et en délivrera grosse. Mais ainsi que nous l'avons déjà dit, il devra veiller à ce que la mutation de l'immeuble non immatriculé soit transcrite par l'interprète, sur le titre original.

Lorsqu'il en sera requis, le notaire français pourra recevoir comme en France et en Algérie, les actes des étrangers et des indigènes, sauf bien entendu ceux relatifs au statut propre de chacun.

Il partagera et liquidera entre indigènes, en appliquant le droit musulman, les prix d'immeubles dont la vente aurait était poursuivie devant le Tribunal civil à la requête d'un créancier européen.

Témoins. — Pour ce qui concerne les témoins instrumentaires ou le notaire en second, on sait que depuis la loi de 1902, tous les actes de la métropole en sont dispensés, sauf les exceptions suivantes :

1° Lorsque l'un des contractants ne sait ou ne peut signer.

2° Les actes pour lesquels la présence *réelle* des témoins ou d'un notaire en second est exigée, c'est-à-dire les donations, testaments, actes respectueux, reconnaissance d'enfant naturel, acceptation de donation, révocation de testament ou de donation et les procurations ou autorisations pour consentir ces différents actes.

Les mêmes règles pourraient être suivies en Tunisie. Le notaire serait cependant tenu, lorsqu'il ne connaîtra pas les contractants, de faire certifier leur identité par deux témoins inspirant toute confiance et connus de lui.

Lecture. — La lecture de l'acte qui, sous peine de nullité doit être faite par le notaire, n'empêche-rait pas le contractant qui en manifesterait l'inten-tion, de prendre lui-même une nouvelle lecture et de faire précéder sa signature de ces mots : « Lu et approuvé », comme le demande l'article 36 du projet de la commission des réformes judiciaires. Nous croyons pourtant qu'il serait préférable de ne pas maintenir cet article qui peut devenir une source de froissements.

Que dirait par exemple le Juge de Paix, si, après avoir fait donner lecture par son greffier d'une dé-libération de famille, un intéressé demandait à re-lire lui-même l'acte, avant de signer ?

Tarifs. — Les tarifs du notaire et de l'interprète qui l'assiste dans les actes indigènes, seraient les mêmes que ceux d'Algérie. Toutefois, comme il y a énormément de petits actes obligatoires dans la Régence, on pourrait très bien profiter de l'occa-sion pour décider que les honoraires du notaire et de l'interprète subiront une réduction de moitié pour tous les actes portant reconnaissance de dette, sans affectation hypothécaire, dont le montant ne dépasserait pas deux cents francs. En outre, com-me l'a préconisé M. Flandin, l'Etat pourrait se ré-server une part des produits de chaque office, un cinquième par exemple, mais seulement sur les études dont les bénéfices nets dépasseraient 8 à 10,000 fr., car on ne saurait oublier combien est grande la responsabilité du notaire.

Taux de l'intérêt. — M. Roy, secrétaire géné-ral du Gouvernement tunisien, a déclaré, ainsi que nous l'avons expliqué au commencement de ces notes, qu'en créant des notaires, le premier soin du gouvernement serait d'enrayer l'usure. Il y aura donc, le même jour très probablement, un double décret : celui du notariat et celui fixant le taux de l'intérêt et les moyens les plus efficaces pour combattre l'usure.

Certains actes établis par les notaires arabes, entre israélites et musulmans, entr'autres ceux inhérents à la Rahnia hanéfite, consacrent des prêts usuraires qui tôt ou tard, aboutissent à des ruines déplorables. Le notaire français en rédigeant ces sortes de contrats saura établir avec équité les droits et devoirs de chacun.

Conséquences de la création du notariat.

Disons, en terminant, que cette institution aura encore pour objet de décharger les Justices de paix et les Tribunaux civils.

On peut affirmer en effet, que les deux cinquièmes au moins des jugements rendus annuellement par nos magistrats du premier degré, ne s'appliquent qu'à des reconnaissances privées ou passées devant notaires indigènes et qui ne sont soumises au Juge de paix que dans l'unique but d'obtenir un titre exécutoire, que, désormais pourra délivrer le notaire.

Cette proportion est moindre pour les Tribunaux de première instance, mais on peut l'évaluer à un cinquième.

Victor SUREAU

www.ingramcontent.com/pod-product-compliance
Lightning Source LLC
LaVergne TN
LVHW050336030726
842520LV00005B/1930